Thomas Johne

Basiswissen Marketing
Strategien für Erfolg am Markt

Thomas Johne

Basiswissen Marketing

Strategien für Erfolg am Markt

Schriftenreihe: Das kleine 1x1 des Marketings
Band 1

© 2005 Alle Rechte vorbehalten

RKW-Verlag

Düsseldorfer Straße 40
65760 Eschborn

RKW-Nr. 1502
ISBN 3-89644-248-1

Layout: RKW, Eschborn
Druck: Klarmann Druck, Kelkheim

Inhaltsverzeichnis

		Seite
Vorwort		7
1	**Erfolgsfaktor Marketing**	**9**
1.1	Was ist Marketing?	9
1.2	Acht Erfolgsformeln: Das macht Sie im Marketing erfolgreicher	9
2	**Marketing – ein Zauberwort wird greifbar**	**12**
2.1	Der aktionsorientierte Marketingplan	12
2.1.1	Analyse der externen Ausgangssituation	13
2.1.2	Untersuchung der Situation des eigenen Unternehmens	17
2.1.3	Formulierung der Marketingziele	17
2.1.4	Festlegung der Marketingstrategie	18
2.1.5	Bestimmung der Instrumente des Marketing-Mix	19
2.1.6	Berechnung des Marketing-Etats	37
2.1.7	Marketingkontrolle	37
3	**Kunden gewinnen – (k)ein Buch mit sieben Siegeln**	**39**
3.1	So finden Sie Ihre Zielkunden	39
3.2	Akquisitionsinstrumente: Mailing – Telefonakquisition – Kundenbesuch	39
3.2.1	Dialoginstrument Mailing - der klassische Werbebrief hat noch nicht ausgedient	40
3.2.2	Telefonakquisition – mit der richtigen Technik zum Verkaufserfolg	44
3.2.3	Kundenbesuch – Akquisition von Mensch zu Mensch	46
3.3	Kunden gewinnen im Internet	47
3.3.1	Neue Wege zum Kunden: E-Marketing	49
Zum Autor		51

„Wenn du ein Schiff bauen willst, dann trommle nicht die Leute zusammen, um Holz zu beschaffen, sondern lehre deine Mannschaft die Sehnsucht nach dem weiten, endlosen Meer."

Antoine de Saint-Exupery

Vorwort

Das Schicksal eines Unternehmens entscheidet sich auf seinen Märkten. Unter erschwerten Marktbedingungen – komplexe Konsumvorstellungen der Verbraucher, globaler Wettbewerb, hoher Innovationsdruck – bildet mehr denn je eine ausgeprägte Marketingkompetenz die zentrale Grundlage für den Markterfolg und damit für kontinuierliches Wachstum des Unternehmens.

Vor diesem Hintergrund können die Konsequenzen für das Marketing nicht überraschen: Es reicht heute nicht mehr aus, nur ein ausgereiftes Produkt zu einem günstigen Preis anzubieten. Auch greift die Vorstellung vieler Unternehmer zu kurz, Marketing sei mit Werbung gleichzusetzen. Hier eine Anzeige in der Tageszeitung, dort ein Prospekt für potentielle Kunden, und fertig ist das Marketingkonzept.

Insbesondere für kleine und mittlere Unternehmen wird es zunehmend wichtiger, die Mitbewerber regelmäßig zu beobachten, ihre Marktaktivitäten zu beurteilen, neue Trends zu verfolgen, die eigenen Stärken und Schwächen einschätzen zu lernen, mit den richtigen Kundengruppen zu kommunizieren und sich mit seinen Produkten und Dienstleistungen an den Bedürfnissen der Kunden auszurichten.

Marketing bietet ein umfangreiches Instrumentarium, mit dem Sie Ihre unternehmerischen Entscheidungen markt- und kundenorientiert fällen können. Dabei handelt es sich um Aktivitäten, die von der Produktpolitik über effektive Kommunikationsmaßnahmen bis hin zur systematischen Kundenakquisition reichen.

Ziel des vorliegenden Leitfadens ist es, Ihnen einen schnellen und kompakten Überblick über die Grundlagen des Marketings zu geben. Er beschreibt, wie Sie bei der Marketingplanung vorgehen sollten und mit welchen Marketingmaßnahmen Sie Ihre Produkte oder Dienstleistungen erfolgreich auf den Markt bringen können. Zahlreiche Checklisten und Tipps zeigen Ihnen praktische Marketingschritte und Vorgehensweisen auf und machen kurz und prägnant deutlich, worauf es im Marketing wirklich ankommt.

Insofern stellt dieser Leitfaden kein umfassendes Marketinghandbuch dar – und kann auch einen erfahrenen Marketingberater nicht ersetzen, den Sie in jedem Fall bei spezifischen Marketingproblemen zu Rate ziehen sollten.

Thomas Johne   Darmstadt, September 2005

1 Erfolgsfaktor Marketing

1.1 Was ist Marketing?

Erfolgreich kann Marketing nur sein, wenn es zum Handlungsgrundsatz des Managements gemacht wird. Dieser Grundsatz heißt: marktorientierte Unternehmensführung. Sie ist im Wesentlichen dadurch gekennzeichnet, dass die vom Management zu treffenden Entscheidungen vom Absatzdenken beherrscht werden – der Markt sollte der Ausgangspunkt der Entscheidungen sein.

Verstehen Sie also Marketing als umfassenden Prozess, der

- systematisch Zielmärkte sucht und erschließt,
- die Bedürfnisse der Zielgruppen analysiert,
- den planmäßigen Einsatz verschiedener, aufeinander abgestimmter Instrumente organisiert, durchführt und kontrolliert,
- mit dem Ziel, den Absatzerfolg zu sichern bzw. zu steigern.

1.2 Acht Erfolgsformeln: Das macht Sie im Marketing erfolgreicher

Sie wollen, dass Ihre potentiellen Kunden Ihnen die angebotenen Leistungen abnehmen? Dann müssen Ihren Markt aktiv bearbeiten:

Erfolgsformel 1: Den Markt dynamisch bearbeiten

- Ihre Produkte und Dienstleistungen müssen sich am vom Kunden wahrnehmbaren Nutzen orientieren.
- Bauen Sie die Zusammenarbeit mit Ihren Kunden aus.
- Messen Sie regelmäßig die Zufriedenheit Ihrer Kunden.
- Nutzen Sie Reklamationen zur Produkt- und Serviceverbesserung.
- Optimieren Sie Ihre Verkaufsorganisation und sichern Sie dadurch eine systematische Kundenbearbeitung- und -pflege.
- Erfüllen Sie die Anforderungen der Kundennähe durch zusätzliche Absatzwege (zum Beispiel das Internet als Vertriebskanal).

Stellen Sie durch regelmäßige Marktanalysen fest, welche Probleme, Wünsche und Erwartungen Ihre potentiellen Kunden haben. Entwickeln Sie Angebote, die Ihren Kunden helfen, diese Probleme zu lösen oder die ihnen erkennbare Vorteile verschaffen – mit dem Ziel, eine Alleinstellung am Markt zu erreichen.

Erfolgsformel 2: Bieten Sie einzigartige Problemlösungen für den Kunden

Erfolgsformel 3: Marketing muss sich an überschaubare Zielgruppen richten

Wenn Sie eine Mailing-Aktion mit beispielsweise 1000 eingekauften Adressen durchführen, können Sie nur abwarten und hoffen, dass sich Interessenten bei Ihnen melden. Der Zufall entscheidet so über den Akquisitionserfolg. Zudem ist bei derartigen Aktionen ein telefonisches Nachfassen aus zeitlichen und finanziellen Gründen praktisch nicht möglich. Mit einer Mailing-Aktion, bei der Sie 50 oder 100 Unternehmen ansprechen, die Sie als Kunden gewinnen wollen, können Sie im Anschluss leichter telefonisch nachfassen und Gesprächstermine vereinbaren. Diese Strategie schont Ihr Marketingbudget und reduziert Enttäuschungen bei der Akquisition.

Erfolgsformel 4: Behandeln Sie Ihre Kunden als Unternehmenskapital

Loyale Kunden gibt es nicht umsonst. Loyalität werden sich die Unternehmen zukünftig immer härter erarbeiten müssen. Dies gelingt nicht, indem man seine Kunden in der Telefon-Warteschleife schmoren lässt. Unternehmen, die Kundenloyalität ernst nehmen, werden ihre Kunden wie das Unternehmenskapital behandeln. Denn es wird sich langfristig verzinsen: Wir wissen heute, dass loyale Kunden höhere Preise akzeptieren und weniger feilschen, dass sie weniger kosten, weil sie weniger Beratung in Anspruch nehmen. Und dass sie mehr kaufen, weil sie mit dem Angebot vertraut sind.

Erfolgsformel 5: Marketing planen und als Fitnesskonzept für Ihr Unternehmen nutzen

Unternehmerischer Erfolg hängt in hohem Maße auch von vernünftiger Planung ab. Insbesondere die Inhaber kleiner Unternehmen verzichten oft auf einen Marketingfahrplan und betreiben nur sporadisches Marketing. Ein Marketingfahrplan hat nichts mit theoretischen Planungsübungen zu tun. Der entscheidende Vorteil eines praktischen Marketingplans besteht darin, dass die verschiedenen Marketingaspekte nicht mehr getrennt voneinander umgesetzt werden. Die erfolgreichsten Marketingstrategien werden abgestimmt, ergänzen und verstärken sich gegenseitig. Darüber hinaus kann man anhand des Plans konkret überprüfen, welche Fortschritte das Unternehmen macht, welche Marketingaktivitäten erfolgreich sind, wo Kurskorrekturen erforderlich sind und ob sich die Umsatz- und Wachstumsprognosen bewahrheitet haben.

Erfolgsformel 6: Integriertes Marketing entwickeln

Dies bedeutet mehr als die Summe der Marketingaktivitäten. Wenn Sie Marketingmaßnahmen entwickeln, sollten Sie immer an Kampagnen denken, denn mit einzelnen Aktionen – hier eine Anzeige in der örtlichen Tagespresse, dort ein Faltblatt für potentielle Kunden – wird selten der gewünschte Markterfolg erzielt. Indem Sie sämtliche Aktivitäten in Sinne eines integrierten Marketings aufeinander abstimmen, stellen Sie eine durchgängige Markt- und Kundenorientierung sicher. So entfalten Sie mit kombinierten Aktivitäten, wie zum Beispiel Mailing-Aktionen, PR-Maßnahmen, Akquisitionsgesprächen und Networking die nötige Marketing-Power für Ihren Geschäftserfolg.

Erfolgsformel 7: Profilieren Sie sich und Ihr Unternehmen

Schaffen Sie sich Chancen, indem Sie bei Ihren Kunden ein Image aufbauen, das Sie unverwechselbar macht und sich von Ihren Mitbewerbern unterscheidet. Suchen Sie nach Differenzierungskriterien, in dem Sie sich fragen: Was macht mein Unternehmen einzigartig?

Bauen Sie langfristig ein Beziehungsnetz innerhalb und außerhalb Ihrer Branche auf. In Seminaren, auf Kongressen und Messen können Sie leicht Leute kennen lernen. Nehmen Sie sich vor, auf einer Veranstaltung mindestens fünf Kontakte mit neuen Personen zu knüpfen. Beteiligen Sie sich an bestehenden Netzwerkstrukturen, zum Beispiel in Branchen- und Unternehmensverbänden.

Erfolgsformel 8: Erfolgreich durch aktives Networking

Checkliste: Zentrale Marketingfragen

- Liegen genügend Erkenntnisse über die Anforderungen des Marktes vor?

- Gibt es qualitative und quantitative Informationen über potentielle Interessenten für das Angebot?

- Orientieren sich unsere gesamten Aktivitäten an den Bedürfnissen der Kunden und Interessenten?

- Verfügen wir über Vorteile gegenüber der Konkurrenz aus Kundensicht?

- Gibt es Möglichkeiten, diese Vorteile bei den Kunden herauszustellen?

- Gibt es Nachteile gegenüber den Mitbewerbern aus Sicht der Kunden, und können sie abgebaut werden?

- Haben wir integrierte Maßnahmen geplant, um unsere Ziele auch in Zukunft zu erreichen?

- Gibt es neben den bestehenden weitere Märkte, auf denen wir agieren könnten?

2 Marketing - ein Zauberwort wird greifbar

2.1 Der aktionsorientierte Marketingplan

Basis eines erfolgreichen Marketings ist ein Marketingplan, der langfristig angelegt sein sollte.

Mit Marketingplanung ist keine endlose Planungsübung gemeint, sondern ein praktischer Plan, in dem festgelegt wird, welche Ziele man anstrebt und wie man sie erreichen will. Dabei zeigt eine systematische Marketingplanung auch, welche Marktveränderungen oder erkennbar neue Wünsche und Bedürfnisse sich seitens der Kunden abzeichnen. Statt nur passiv und konzeptionslos auf das jeweilige Marktgeschehen zu reagieren, sind Sie in der Lage, wachstumsorientiert zu handeln, indem Sie mit gezielten Marketingstrategien und -maßnahmen Ihren Marktanteil erweitern, neue Märkte erschließen sowie innovative Produkte und/oder Dienstleistungen entwickeln.

Ihr Marketingplan sollte ein Wegweiser sein, den Sie regelmäßig aktualisieren. So können Sie regelmäßig überprüfen, welche Marktfortschritte Ihr Unternehmen gemacht hat, ob sich die Umsatz- und Wachstumsprognosen bewahrheitet haben und alle Vorhaben umgesetzt wurden oder ob marketingstrategische Veränderungen notwendig sind.

Bild 1 verdeutlicht die dazu notwendigen Überlegungen.

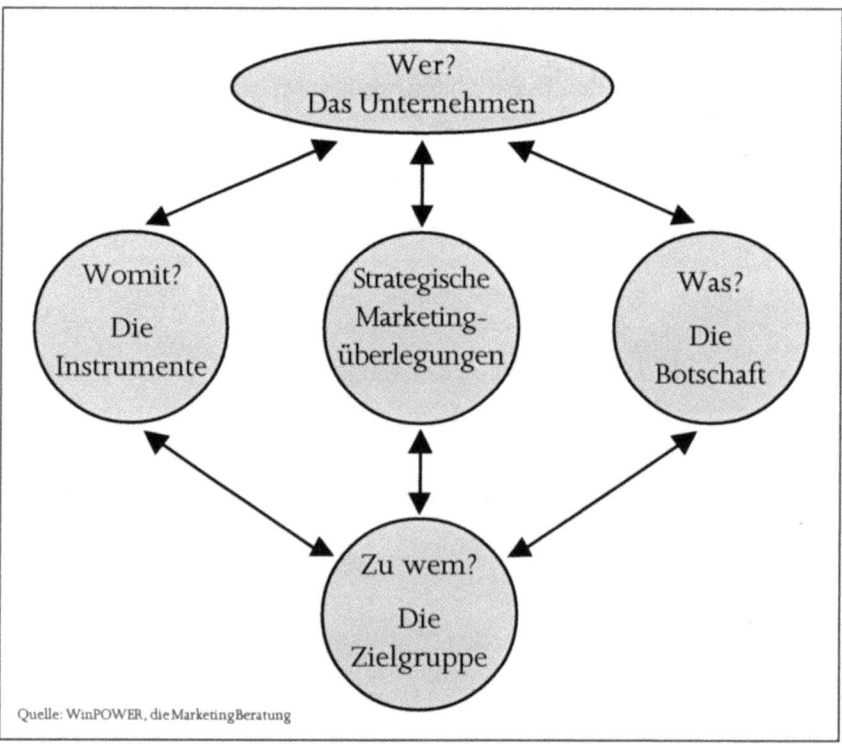

Bild 1: Die Einflussfaktoren der Marketingstrategie

Grundlegende Elemente und praktische Vorgehensweise

Wenn Sie einen Marketingplan entwickeln, gehen Sie in folgenden Schritten vor:

Schritt 1: Analyse der externen Ausgangssituation

Schritt 2: Untersuchung der Situation des eigenen Unternehmens

Schritt 3: Formulierung der Ziele des Marketings

Schritt 4: Festlegung der Grundstruktur der Marketingstrategie

Schritt 5: Bestimmung der Instrumente des Marketing-Mix

Schritt 6: Berechnung des Marketingetats

Schritt 7: Marketingkontrolle

2.1.1 Analyse der externen Ausgangssituation

Märkte sind bekanntlich ständig in Bewegung. Aus diesen Grund sind Sie gut beraten, sich Informationen über die Märkte bzw. die Situation, in der sich Ihr Unternehmen befindet, zu beschaffen – eine Grundvoraussetzung für wachstumsorientiertes Handeln. Bei der Marktanalyse geht es zunächst darum, den Markt abzugrenzen.

Voraussetzung jeglicher Marketingaktivitäten ist die genaue Kenntnis der auf den Märkten agierenden Gruppen von Personen. Um erfolgreich zu sein, müssen Sie den Geschmack, die Wünsche, die Erwartungen und auch die Kaufkraft der einzelnen Zielgruppen beachten. Ein Markt ist nicht ein einheitliches Ganzes, sondern besteht aus verschiedenen Teilbereichen, den Marktsegmenten. Finden Sie heraus, welche Teilmärkte innerhalb Ihres Marktes vorhanden sind. Dann können Sie entscheiden, welche dieser Segmente mit welchen Produkten oder Dienstleistungen bedient werden sollen.

Zielmarkt definieren – Marktsegmentierung

Es gibt unterschiedliche Arten der Marktsegmentierung:

- die demographische Segmentierung nach Merkmalen wie: Alter, Geschlecht, Einkommen, Bildungsniveau, Familienstand, Beruf

- die geographische Segmentierung nach Kriterien wie: Europa, Deutschland, Region, Stadt

- die psychographische Segmentierung nach Kriterien wie: Einstellungen, Kaufmotiven, Treueverhalten, Konsumgewohnheiten, Mediennutzung

Bei der Definition Ihrer Zielgruppen denken Sie daran, diese klar und eindeutig zu formulieren – mit folgenden Vorteilen:

- Klarheit und Einfachheit verbessert das Recherchieren und Erkennen geeigneter Interessenten innerhalb des Marktsegments.

- Mit einer spezifischen Definition werden die Interessenten treffsicher angesprochen. In Werbemitteln und in Akquisitionsgesprächen sind potentielle Kunden direkter zu erreichen.

Praxisbeispiel:

Der Inhaber eines Tagungshotels definiert seine Zielgruppen wie folgt:
„Als Tagungshotel arbeiten wir für mittelständische Unternehmen mit mindestens 300 Mitarbeitern, die Konferenzen und Seminare durchführen und ihren Standort im Großraum Rhein-Main haben sowie für Seminaranbieter aus Hessen."

Um erste Vorstellungen über die angestrebten Zielgruppen zu erlangen, bietet folgende Checkliste Hilfestellung:

Checkliste: Zielgruppen

- Liegt eine genaue Zielgruppendefinition vor?

- Gibt es Informationen, wie wir unsere Zielgruppe erreichen?

- Werden Produkte/Dienstleistungen für diese Zielgruppe bereits angeboten?

- Gibt es Beurteilungen seitens der Zielgruppe über die auf dem Markt angebotenen Leistungen?

- Wissen wir, welche Vertriebswege die Zielgruppe nutzt?

- Liegen Informationen vor, wie sich die Abnehmer, die zu unserem Marktsegment gehören, in Zukunft verhalten werden?

- Kennen wir die Wünsche, Erwartungen und Probleme unserer Zielgruppen?

Eine Fragebogenaktion ist eine empfehlenswerte Methode, um sich ein Bild von den Bedürfnissen, Wünschen und Erwartungen der potentiellen Kunden zu verschaffen.

Praxisbeispiel:

Vor der Eröffnung eines Textileinzelhandelsgeschäfts für Maßkonfektion ging der Inhaber folgendermaßen vor:

Am Standort des zukünftigen Geschäfts in der Innenstadt wurde eine Befragung potentieller Interessenten durchgeführt – mit folgenden Ergebnissen:

- Die überwiegende Anzahl der Befragten hatte starkes Interesse an der Dienstleistung, machte jedoch eine Kaufentscheidung von der Präsentation im Laden, der Stoffauswahl sowie von der Qualität der Beratung und des Services abhängig.

- Ein großer Teil der Befragten erkundigte sich auch gleich nach dem geplanten Standort sowie nach dem Zeitpunkt der Geschäftseröffnung.

Checkliste: Durchführung einer Befragung

- Wurde der zu befragende Personenkreis festgelegt?

- Wurden die Themen der Befragung eindeutig festgelegt?

- Wurden die Fragen verständlich formuliert?
  (Maximal 10 Fragen – Multiple-choice- oder Ja/Nein- Fragen sind leichter zu beantworten und auszuwerten)

- Sind die Fragen nicht suggestiv?

- Wird die Zustimmung zur Befragung benötigt?

- Sind die Befragten in der Lage, den Fragebogen in einer überschaubaren Zeit auszufüllen?

- Wurde Anonymität zugesichert?

- Lässt die Rücklaufquote Aussagen zu, um Trends und Bedürfnisse abzuschätzen?

Die Wettbewerbssituation einschätzen

Zur Klärung der Marktverhältnisse gehört auch, die Konkurrenz richtig einzuschätzen. Denn Sie müssen in der Regel davon ausgehen, dass das Wachstum Ihres Unternehmens auf Kosten des Wachstums der Konkurrenten realisiert werden muss. Beobachten Sie daher ständig die Aktivitäten Ihrer Mitbewerber, um daraus die entsprechenden absatzpolitischen Schlussfolgerungen zu ziehen.

Dies erreichen Sie mit einer gezielten Konkurrenzanalyse – die folgende Vorgehensweise liefert Ihnen regelmäßige Informationen:

- Verkaufsprospekte, Preislisten und Imagebroschüren auswerten.

- Anzeigen beobachten: Sie geben Aufschluss über die Positionierung des Mitbewerbers im Markt, über Alleinstellungsmerkmale der Produkte sowie über Serviceleistungen.

- Presseveröffentlichungen liefern häufig Informationen über die Entwicklung der Mitbewerber und deren Innovationsfähigkeit.

- Internetseiten der Mitbewerber auswerten: Hier ist oft ein schneller und aktueller Überblick über das Unternehmensprofil, die Produkte oder auch Neuentwicklungen möglich.

Checkliste: Konkurrenzanalyse

- Kennen wir die Anzahl der Konkurrenten, die für unsere Leistungsangebote in Frage kommen?

- Können wir einschätzen, wie stark die Rivalität unter den bestehenden Konkurrenten ist?

- Kennen wir unsere Hauptkonkurrenten?

- Können wir einschätzen, wie sich die Konkurrenten im Vergleich zum eigenen Unternehmen am Markt präsentieren (Marketingaktivitäten, Werbung u.s.w.) ?

- Sind deren Leistungskennzahlen bekannt (Firmengröße, Leistungsfähigkeit, Marktanteil u.s.w.)?

- Haben wir Kenntnisse über deren Standorte?

- Haben wir Informationen über die Abatzgebiete der Konkurrenten?

- Gibt es Überschneidungen mit unseren Absatzgebieten?

- Haben wir geprüft, welche Absatzkanäle unsere Hauptkonkurrenten nutzen?

- Haben wir Überlegungen angestellt, wie sich der Wettbewerb in Zukunft entwickeln wird?

- Ziehen wir daraus Schlussfolgerungen für unsere zukünftigen Entscheidungen (Umsatzanteil, Marktanteil, Preisverhalten, Vertrieb, Kommunikationsstrategien)?

2.1.2 Untersuchung der Situation des eigenen Unternehmens

Zu einer Bestandsaufnahme gehört im zweiten Schritt die Analyse einer Bewertung des eigenen Unternehmens, wobei die Schlüsselanforderungen des Marktes die Vergleichsbasis bilden. Ein Vergleich der besonderen Stärken und Schwächen Ihres Unternehmens mit denen Ihrer Hauptkonkurrenten ermöglicht Ihnen, den Handlungsspielraum im Hinblick auf Ihr Wachstumspotential festzustellen.

Leistungskriterien für einen Vergleich können sein:

- Leistungsprogramm
- Absatzmärkte, Vertriebswege
- Marketingstrategien
- Finanzstärke
- Potentiale in Forschung und Entwicklung
- Produktionskapazitäten und Steigerungspotentiale
- Standorte
- Kostensituation
- Qualifikation der Mitarbeiter (Kundenorientierung, Servicebewusstsein, Verkauf u.s.w.)
- Führungsqualifikation

2.1.3 Formulierung der Marketingziele

Die Marketingziele sollten Sie so formulieren, dass Sie später auch überprüfen können, ob die Ziele erreicht werden, das heißt, sie müssen nach Inhalt, Ausmaß und Zeit präzisiert werden.

Bei der Bestimmung des Inhalts entscheiden Sie, welches Marketingziel angestrebt wird. Dabei kann es sich sowohl um ein ökonomisches (Deckungsbeitrag, Marktanteil, Umsatzsteigerung) als auch um ein psychographisches Ziel (Erhöhung des Bekanntheitsgrades eines Produktes, Imageveränderungen, Verstärkung der Kaufabsicht) handeln. Dann müssen Sie eine Messgröße bestimmen – in absoluten Zahlen oder in Prozent. Die Zeitangabe legt fest, in welchem Zeitraum die Marketingziele erreicht werden sollen.

Beispiel für eine wachstumsorientierte Zielformulierung:

Steigerung des Umsatzes für Produkt X im Markt Z bei der Käufergruppe A von 5 Prozent bis zum Ende des kommenden Jahres.

> **Checkliste:** Formulierung der Marketingziele
>
> - Wurden die Marketingziele umfassend nach Inhalt, Ausmaß und Zeitrahmen formuliert?
> - Wurden die verschiedenen Marketingziele unter Berücksichtigung der Unternehmensziele eingeordnet?
> - Sollten Zielkonflikte bestehen, wurden Prioritäten gesetzt?

2.1.4 Festlegung der Marketingstrategie

Wenn Sie die gegenwärtige und zukünftige Situation Ihres Unternehmens analysiert sowie die Einflussfaktoren des Marktes bewertet haben und daraus resultierend die Marketingziele entwickelt haben, folgt nun die Festlegung von Marketingstrategien. Sie bestimmen den grundsätzlichen Weg, wie Ihr Unternehmen im Marketingbereich vorgehen soll, um die gesteckten Marketingziele zu erreichen.

Folgende Wachstumsstrategien lassen sich entwickeln:

- **Marktdurchdringung**
  Eine Möglichkeit, Wachstum zu erzeugen, besteht darin, den Marktanteil mit bestehenden Produkten zu erweitern.
  Umsetzung: verstärkter Werbeeinsatz, Ausbau der Verkaufsförderungsaktionen, Direktwerbe-Aktionen, mit Telefonakquisition neue Kunden ansprechen.

- **Marktentwicklung**
  Wollen Sie mit Ihren bestehenden Produkten neue Märkte erobern, dann kommt diese Strategie zum Tragen. „Neue Märkte" bedeutet, Überlegungen auf zwei Ebenen anzustellen: neue Kundengruppen bearbeiten und in neue geographische Regionen vorstoßen, in denen Sie bisher noch nicht präsent waren.
  Umsetzung: Durchführung von Umfragen um sicher zustellen, dass auf diesen Märkten Interesse an Ihren Produkten bzw. Produktvariationen besteht, gezielte Werbung und Direktwerbe-Aktionen.

- **Produktentwicklung**
  Sichern Sie das Unternehmenswachstum, in dem Sie auf bestehenden Märkten neue Produkte oder Dienstleistungen anbieten.
  Umsetzung: neue Produkte entwickeln, Produkte kreieren, die sich an erfolgreichen Produkten der Mitbewerber orientieren.

2.1.5 Bestimmung der Instrumente des Marketing-Mix

Um Marketing erfolgreich realisieren zu können, müssen Sie für Ihre Produkte und Dienstleistungen im nächsten Schritt einen sinnvollen Marketing-Mix entwickeln. Das heißt, bei Ihrer Planung sollten Sie alle Marketingmaßnahmen optimal aufeinander abstimmen. Ziel ist es, die bestmögliche Kombination von Maßnahmen und Entscheidungen zu finden – unter Berücksichtigung der jeweiligen Marktsituation.

Dafür stehen Ihnen folgende marktpolitische Instrumente zur Verfügung:

- Produktpolitik
- Preispolitik
- Kommunikationspolitik
- Distributionspolitik

Die ganze Vielfalt der marktpolitischen Instrumente veranschaulicht Bild 2.

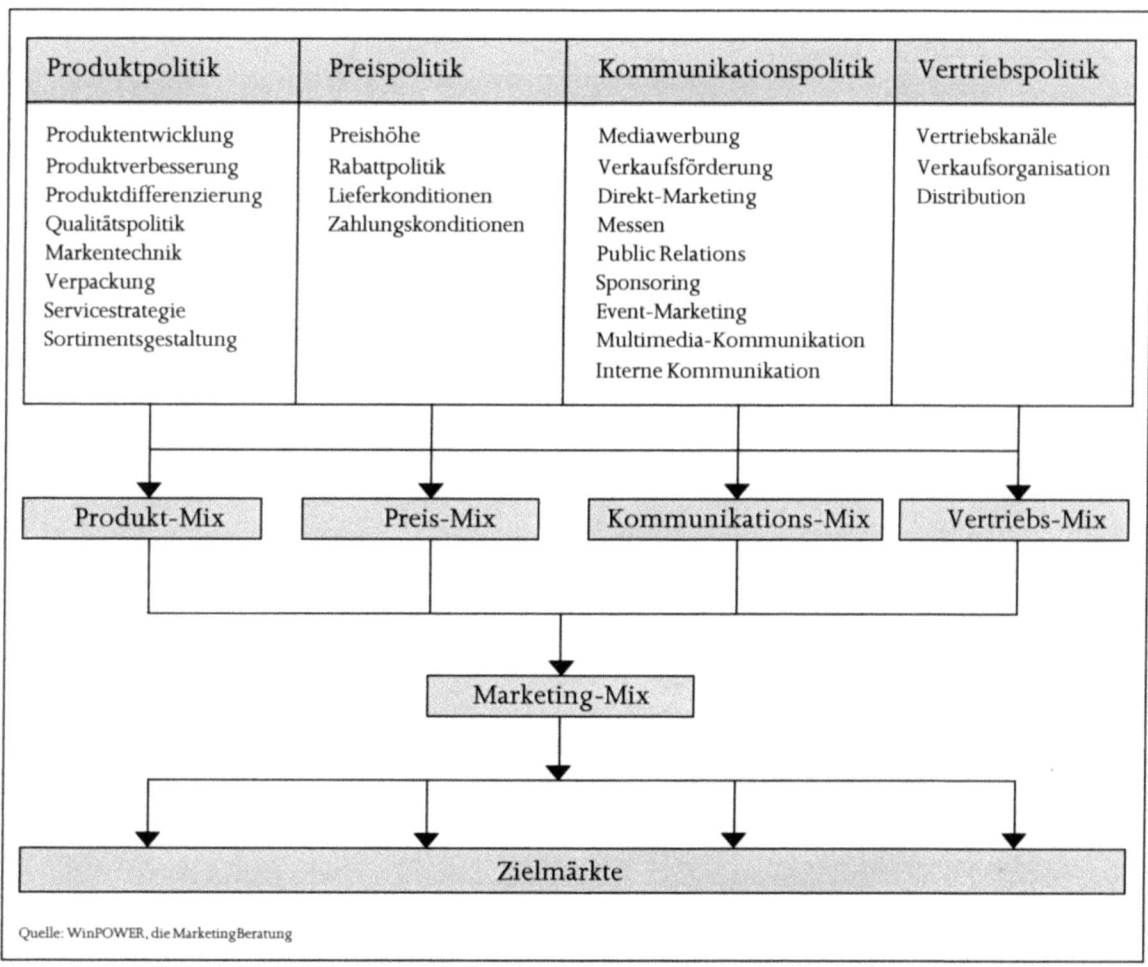

Bild 2: Die Vielfalt der Marketinginstrumente

Praxisbeispiel:

Für den dauerhaften Erfolg eines Ladengeschäfts für hochwertige Sport-Lifestyle-Mode müssen bestimmte Ausprägungen der Marketinginstrumente zum Einsatz kommen: hohe Beratungsqualität, innovative Serviceleistung(Verkauf beim Kunden zu Hause oder bei ihm in Büro), anspruchsvolle Werbung, gezielte Öffentlichkeitsarbeit, exklusive Ladenausstattung, Kundenbindungsinstrumente (z.B.Kundenkarte). Eine einzige nicht passende Komponente im Marketing-Mix, zum Beispiel fehlende Beratungskompetenz, würde dazu führen, dass die Akzeptanz des Geschäfts bei den Konsumenten deutlich geringer wäre.

Produktpolitik   Die Produktpolitik umfasst die Entwicklung von neuen Produkten oder Dienstleistungen sowie die Verbesserung vorhandener Leistungsangebote. Bestandteil dieses Komplexes sind darüber hinaus die Namensgebung, das Design, die Verpackung sowie Fragen des Services.

Bei der Gestaltung Ihrer Produktpolitik stehen Sie nicht allein. Es ist zu berücksichtigen, dass Ihre Konkurrenten auf den gleichen Märkten mit ähnlichen oder identischen Leistungsprogrammen aktiv sind.

Produkte gestalten zum Nutzen der Kunden   Wollen Sie auch weiterhin das Wachstum Ihres Unternehmens sichern, müssen potentielle bzw. vorhandene Kunden erkennen,

- dass Ihr Unternehmen etwas ganz Besonderes zu bieten hat und

- dass sie mit dem Kauf Ihrer Produkte einen höheren Nutzen als bei Ihren Mitbewerbern bekommen.

Konzentrieren Sie sich also bei Ihren produktpolitischen Entscheidungen primär auf die Fragen des Kundennutzens. Denn: Mit Ihrem Angebot helfen Sie Ihren Kunden, ein Problem zu lösen oder ein Ziel zu erreichen. Dieses Nutzenversprechen muss die Hauptbotschaft Ihres Produkts sein – nicht allein die Thematisierung von Produktmerkmalen.

Versuchen Sie, den jeweiligen besonderen Kundennutzen Ihres Angebots zu ermitteln. Dabei helfen Ihnen Formulierungen wie zum Beispiel (aus Kundensicht):

- Das bedeutet für Sie...

- Das erhöht Ihre...

- Das senkt Ihre...

- Das bringt Ihnen...

Praxisbeispiel:

Die Softwareprodukte eines kleinen IT-Unternehmens zur Optimierung des Datenmanagements besitzen vielfältige Merkmale, zum Beispiel:

- Professionelles Recherchemittel
- Integration von Fachdatenbanken
- Erstellen von Suchprofilen

Dies überzeugt aber in der Regel Patentabteilungen oder Wissenschaftler noch nicht, eine derartige Software anzuschaffen. Produktmerkmale müssen in Nutzenargumentation umgesetzt werden, damit deutlich wird, wie die Kunden durch den Einsatz des Produkts strategisch weitergebracht werden:

- Sie ersparen Ihren Mitarbeitern doppelte Arbeit bei der Informationsbeschaffung und Auswertung.
  Dies erhöht die Motivation.

- Die Informationsqualität wird durch bessere Selektionsmöglichkeiten gesteigert.

- Sie können Personal effizienter einsetzen.

- Sie können Informationen für die strategische Steuerung des Unternehmens und für die marktorientierte Produktentwicklung gezielter nutzen.

Mit dieser Nutzenargumentation bestehen viel größere Chancen, dass Ihnen die Einkaufsverantwortlichen im Verkaufsgespräch zuhören.

Überprüfen Sie mit Hilfe der folgenden Checkliste, worin die Einzigartigkeit Ihrer Angebote liegt.

> **Checkliste:** Die Einzigartigkeit unseres Angebots
>
> - Unterscheiden sich unsere Produkte positiv von Konkurrenzprodukten?
> - Gibt es besondere Produktvorteile, die dazu führen, dass Kunden bei uns kaufen und nicht bei den Mitbewerbern?
> - Sind unsere Produkte so innovativ, dass bestehende Kunden uns auch weiterhin treu bleiben?
> - Können wir den Nutzen des Produkts für die Zielgruppe formulieren?
> - Hat das Produkt ein besonderes Design?
> - Ist unser Kundenservice außergewöhnlich?
> - Gibt es Zusatzleistungen, die wir exklusiv anbieten:
>   - besonders schnelle Lieferung?
>   - Einpackservice?
>   - besonders günstigen Standort?
>   - Online-Service?
>   - kundenorientierte Reklamationsbearbeitung?
>   - besonders bequeme Bezugsmöglichkeiten?

Die Neuentwicklung von Produkten und Dienstleistungen

Die Entwicklung von neuen Produkten und Dienstleistungen ist unabdingbar, um das Wachstum Ihres Unternehmens zu sichern. Insbesondere vor dem Hintergrund zunehmender Sättigungsgrenzen und eines sich verschärfenden Wettbewerbs rückt die Schaffung neuer Leistungsangebote in den Mittelpunkt Ihrer produktpolitischen Entscheidungen.

Die wertvollsten Ideen zur Neuentwicklung und zu Produktverbesserungen erhalten Sie aus folgenden Quellen:

- **Ihre Kunden**
  Sammeln Sie Meinungen und Anregungen mit Hilfe von Fragebögen und Kundenpanels.

- **Konkurrenten**
  Sehen Sie sich deren Marktneuheiten auf Messen an. Lassen Sie sich deren Informationsmaterial kommen, besuchen Sie ihre Laden-

geschäfte. Studieren Sie auch Unternehmen anderer Branchen. Gibt es etwas, dass Sie von ihnen lernen können? Welche guten Ideen finden Sie dort, die Sie auf Ihre Produkte übertragen können?

- **Interne Ideenquellen**
  Sammeln Sie Vorschläge aus der Forschungs- und Entwicklungsabteilung sowie der Marketing- und Verkaufsabteilung und bewerten Sie diese Ideen hinsichtlich der Übereinstimmung mit den Marketingzielen.

Preispolitik

Die Deckung der eigenen Kosten sowie die Berücksichtigung von Konkurrenzpreisen spielt zwar bei der Preisgestaltung eine wichtige Rolle. Welcher Preis erzielbar ist, hängt aber auch davon ab, wieviel der Nutzen des Angebots den potentiellen Kunden wert ist. Dies ist direkt beeinflussbar durch die Art und Weise, wie das Produkt angeboten und der Nutzen kommuniziert wird. Darüber hinaus berücksichtigen viele Konsumenten auch andere, für sie entscheidende Faktoren wie Qualität, Freundlichkeit und Fachkompetenz bei ihrer Kaufentscheidung.

Schritte zur Preisbestimmung

- Analysieren Sie, welchen preispolitischen Spielraum Sie zur Verfügung haben.

- Bestimmen Sie Ihre preispolitischen Ziele.

- Berücksichtigen Sie die preispolitischen Strategien, die Ihnen zur Verfügung stehen.

- Legen Sie die notwendigen Maßnahmen im Hinblick auf Preis und Konditionen fest.

Unter Marktgesichtspunkten stehen Ihnen bezüglich Ihrer Preisstrategie mehrere Optionen zur Verfügung:

- Hohes Preisniveau dann, wenn Sie ein neues Produkt mit einem einzigartigen Zusatznutzen am Markt positionieren.

- Niedriges Preisniveau dann, wenn Sie sich möglichst schnell in gegenwärtigen Märkten durchsetzen wollen.

Kommunikationspolitik

Erfolgreiches Marketing muss neben einem marktgerechten Leistungsangebot, einer entsprechenden Preisfestsetzung und der Distribution der Produkte auch kommunikative Aufgaben lösen. Nutzen Sie die vorhandenen Kommunikationsinstrumente, um Ihr Unternehmen auf Wachstumskurs zu halten und Wettbewerbsvorteile zu erarbeiten.

Die klassischen Kommunikationsinstrumente sind:

- Werbung

- Verkaufsförderung

- Öffentlichkeitsarbeit

Was bei der Werbung zu beachten ist

Im Rahmen des abgestimmten Zusammenspiels der Elemente des Marketing-Mix übernimmt die Werbung folgende Aufgaben:

- Für das Unternehmen stellt Werbung die Unterstützung des Verkaufs dar – sie soll vor allem durch gezielte kommunikative Beeinflussung vor dem Verkauf das Interesse wecken, das Vertrauen der Konsumenten gewinnen, Wünsche wachrufen und Beweggründe für das Kaufen von Produkten vermitteln sowie nach dem Verkauf die Kaufentscheidung bestätigen.

- Werbliche Aktivitäten schaffen eine Basis, Produkte und Dienstleistungen von Konkurrenzangeboten zu differenzieren.

- Mit Hilfe geeigneter Werbemittel sollen die Kunden über das Leistungsangebot des Unternehmens informiert werden.

Streben Sie weiteres Wachstum für Ihr Unternehmen an - wenn es also um die Erhöhung von Marktanteilen, die Steigerung des Absatzes oder die Erweiterung des Bekanntheitsgrads geht - reichen sporadische Werbeaktivitäten nicht aus. Um erfolgreich zu sein, müssen Sie Ihre potentiellen und bestehenden Kunden immer wieder von neuem an Ihre Produkte und Leistungen erinnern.

Auch wenn Werbung viel mit Kreativität und Intuition zu tun hat – der Ausgangspunkt ist eine durchdachte Werbeplanung.

Sie verläuft in folgenden Schritten:

- Werbeziele festlegen

- Zielgruppe auswählen

- Werbebudget bestimmen

- Durchführung der Werbung planen

- Werbeerfolg kontrollieren

Legen Sie Ihre Werbeziele fest

Damit Ihre Werbeaktivitäten ergebnisorientiert durchgeführt werden können, müssen Sie sich zuerst realistische Ziele stecken, die in einem bestimmten Zeitraum erreichbar und messbar sind.

Als Ziele kommen in Frage:

- ökonomische Werbeziele, zum Beispiel:
  Erhöhung des Umsatzes, Marktanteile erhalten und sichern, Umsatz in verkaufsschwachen Zeiten steigern

- nichtökonomische Werbeziele, zum Beispiel:
  Bei einer Zielgruppe den Bekanntheitsgrad eines Produkts erhöhen, Aufbau oder Änderung des Produktimages, Stärkung der Kundenbindung

Wählen Sie Ihre Zielgruppe aus

Bestimmen Sie im nächsten Schritt, welche Zielgruppe Sie mit Ihrer Werbebotschaft ansprechen wollen – entweder Ihre Werbung richtet sich an Ihre bisherige Käuferschicht, mit dem Ziel, Ihre Marktposition innerhalb der bestehenden Zielgruppe zu stärken oder Sie wenden sich mit Ihren Werbeaktivitäten an potentielle Kunden, die Ihre Produkte noch nicht gekauft haben. Dazu ist es allerdings notwendig, vorab genau deren Einstellungen zum Produkt und die Gründe für die bisherige Kaufzurückhaltung durch Befragungen zu ermitteln. Durch die Erschließung neuer Marktsegmente können Sie Ihre Marktposition ausweiten.

Bestimmen Sie Ihr Werbebudget

In der Praxis sind zwei Methoden empfehlenswert, wie Sie Ihr Budget festlegen können:

- Prozentsatz vom Umsatz
  Hierbei wird ein bestimmter Prozentsatz vom Umsatz für die Werbeausgaben bestimmt.

- Werbezielorientiert
  Hierbei sollen Werbeziele mit möglichst geringen Werbekosten erreicht werden. Vorraussetzung ist, dass Sie Ihre Werbeziele exakt definieren und die Maßnahmen beschreiben, die zur Zielerreichung führen sollen und die Kosten für diese Werbeaktivitäten abschätzen.

Planen Sie die Durchführung der Werbung

Formulieren Sie im ersten Schritt die Werbebotschaft. Analysieren Sie, was Ihr Unternehmen, Ihr Produkt oder Ihre Dienstleistung „einzigartig" gegenüber den Mitbewerbern macht. Diese Besonderheiten sollten Sie nun auf einen möglichen konkreten Kundennutzen abklopfen, mit der Möglichkeit, ihn in der Werbung zu verwenden und sich damit zu positionieren. Achten Sie darauf, dass Ihre Werbebotschaft glaubwürdig und beweisbar klingt.

Folgende Überlegungen stehen dabei im Vordergrund:

- Was unterscheidet mein Unternehmen und meine Produkte von meinen Mitbewerbern?

- Auf welchen Vorteil würden unsere Zielgruppen am besten reagieren?

- Welche Nutzenargumente könnten unsere Zielgruppen dazu bringen, bei uns – und nur bei uns – zu kaufen?

Legen Sie im zweiten Schritt fest, welche Werbemittel und Werbeträger Sie in welchem Umfang einsetzen möchten. Soll Werbung für Sie zum Erfolg führen, empfiehlt es sich, diejenigen Werbemittel und Medien auszuwählen, deren Leserschaft oder Nutzer Ihrem Zielmarkt am nächsten kommt und die zu den Kaufgewohnheiten Ihrer Zielgruppe am besten passt. Beispiele: Werbung an Bussen, Straßenbahnen oder Taxis wird fast nur von Autofahrern wahrgenommen. Branchenverzeichnisse (Werbeträger) können zwar gut zum Zielmarkt passen, aber wenn Ihre Interessenten nicht auf diese Verzeichnisse zurückgreifen, nutzt auch darin eine perfekt gestaltete Anzeige nichts.

Um eine bestimmte Kontinuität und gesteigerte Aufmerksamkeit durch Wiedererkennung zu erzielen, sollten Sie sich auf einige wenige Werbemittel konzentrieren. Eine dauerhafte Anzeigenkampagne mit eindeutig erkennbarem Erscheinungsbild und kommuniziertem Kundennutzen bringt mehr als der sprunghafte Wechsel zwischen verschiedenen Werbemitteln, die aus Budgetgründen nicht kontinuierlich eingesetzt werden können.

Folgende Übersicht hilft bei der Werbemittelauswahl:

- **Anzeigen**
  Bei regionalen Zeitungen oder Anzeigenblättern geringe Streuverluste und vertretbare Kosten; in Fachzeitschriften gezielter Kundenkreis, jedoch hohe Schaltkosten; in jedem Fall Kosten für professionelle Gestaltung berücksichtigen.

- **Imagebroschüre**
  Wichtig für die Außendarstellung des Unternehmens, muss zu den Aufgaben und Zielen des Unternehmens passen; in der Regel hohe Kosten für Gestaltung und Produktion, beim Konzept berücksichtigen: keine Worthülsen, sondern nutzenorientierte Texte.

- **Flugblatt/ Handzettel**
  Schnell und kostengünstig zu produzieren, lassen sich gezielt und aktuell verteilen.

- **Plakate**
  Im Handel bewährt, professionelle Gestaltung und hochwertiger Druck erforderlich.

- **Werbebriefe**
  Zielgenau zur Kundengewinnung und -pflege einsetzbar; Kleinauflagen lassen sich kostengünstig selbst anfertigen (Serienbriefe). Gestaltungs- und Druckosten für Beilagen sind zu berücksichtigen.

Welche Werbeträger ausgewählt werden, ergibt sich aufgrund der Zielgruppen, der Produkte und der Vertriebswege. Für einen Handwerksbetrieb mit regionalem Einzugsgebiet wäre es Geldverschwendung, in einer bundesweiten Publikumszeitschrift zu werben, da er hier nur einen äußerst begrenzten Kundenkreis erreicht – der Rest der Leserschaft wäre als so genannter Streuverlust zu verbuchen.

Folgende Übersicht hilft bei der Werbeträgerauswahl:

- **Zielgruppe Endverbraucher**
  Tageszeitungen, Anzeigenblätter, Kundenzeitschriften, Verkehrsmittel, lokaler Radiosender, Außenwerbung, Kino

- **Zielgruppe Unternehmen**
  Direktwerbung, Fachzeitschriften, Brancheverzeichnisse, Online-Marketing

Die folgenden Checklisten zeigen Ihnen, welche Punkte Sie bei der Gestaltung von Werbemitteln und bei der Beurteilung von Gestaltungsvorschlägen eines Grafikers beachten sollten.

Checkliste: Gestaltung/Logo und Geschäftspapiere

- Logogestaltung

  Wurde Schrift mit Bildsymbolen kombiniert, um stärkere Assoziationen zu wecken und einen höheren Wiedererkennungseffekt zu erzielen?

  Ist den Beteiligten bewusst, dass Farbe ein Kostenfaktor beim Druck ist?

  Wurde daran gedacht, dass das Logo auch schwarz-weiß denselben Effekt haben muss, zum Beispiel beim Kopieren und Faxen von Unterlagen?

- Gestaltung von Geschäftspapieren

  Wurde bedacht, das Logo immer auf der rechten Seite des Briefpapiers zu plazieren?

  Welche Papierqualität wird ausgewählt? Eignet sich das Papier für die Wiedergabe des Logos und bereitet es keine Probleme beim Fotokopieren oder Ausdrucken über den PC?

  Werden kräftige Farben beim Druck von Logo und Adresse benutzt?

Checkliste: Anzeigengestaltung

- **Beurteilung des Textes:**

    Ist die Headline interessant genug?

    Wenn ein besonderer Vorteil angeboten wird, steht dieser auch in der Headline?

    Sind die einzelnen Textfelder nicht zu umfangreich?

    Können eventuell noch interessante Zwischenüberschriften eingebaut werden?

    Wurde der Text nicht unnötigerweise durch andere Anzeigenbestandteile unterbrochen?

    Ist der erste Absatz des Fließtextes originell genug?

    Animiert er auch zum Weiterlesen?

    Ist der gesamte Text unterhaltend?

    Lässt er sich flüssig lesen?

    Wirkt der Text in seiner Gesamtheit überzeugend genug oder gibt es Lücken in der Argumentationskette?

    Spricht er den Leser persönlich an?

    Ist die Wortwahl einfach genug?

    Wurden genügend aktive Tätigkeitswörter und bildhafte Substantive verwendet und Gemeinplätze vermieden?

    Sind alle konkreten Angebotsinformationen vorhanden?

    Macht der Text auch deutlich genug auf die Vorteile des Angebots aufmerksam?

    Enthält er ausreichend Kaufargumente?

    Wurde deutlich genug zur Handlung aufgefordert?

    Ist für den Lesergut ersichtlich, wo er das Angebot kaufen kann?

- **Beurteilung der Grafik:**

    Fällt die Anzeige auf?

    Wirkt das Gesamtbild harmonisch?

    Kann man auf einen Blick erkennen, worum es bei dem Angebot geht?

    Erzeugen Bilder bzw. Blickfänge eine positive, emotionale Wirkung?

    Ist eine klare Abgrenzung zum Umfeld gewährleistet?

    Passt die Anzeige überhaupt in das vorgesehene redaktionelle Umfeld?

    Sind alle Abbildungen deutlich zu erkennen und steht alles an der richtigen Stelle?

Kontrollieren Sie den Werbeerfolg

Die Erfolgskontrolle soll sicherstellen, dass die gewünschte Zielgruppe auch tatsächlich erreicht wird und die angestrebte Werbewirkung auch eintritt.

Mithilfe praktischer Kontrollsysteme können Sie die Wirkung einzelner Werbemaßnahmen überprüfen:

- Anzeigen - Kenzeichnung/Streuerfolg

    Wenn Sie in mehr als einer Zeitung inserieren, empfiehlt es sich, die Bestellkupons zu kodieren.

    Damit lässt sich zurückverfolgen, auf welche Anzeigen Ihre Interessenten reagiert haben.

    Daran lassen sich messen:

    - Der Streuerfolg: Wie viele Kontakte mit Interessenten hat es tatsächlich gegeben?
    - Das Interesse: Inwieweit hat die Anzeige zu weiteren Handlungen der Interessenten geführt (Rücksendung des Kupons, Informationsanforderung, Teilnahme an Gewinnspielen)?
    - Der Umsatzerfolg: Hatte die Anzeige eine direkte Wirkung auf den Umsatz (bei Produktverkauf mittels Kuponanzeigen)?

- Schriftliche oder telefonische Befragungen zu Imageveränderungen

    Führen Sie Imageanalysen durch, d.h., befragen Sie Ihre Kunden sowohl vor den Werbemaßnahmen als auch nach Abschluss von Werbekampagnen. Mithilfe der vergleichbaren Ergebnisse können Imageveränderungen festgestellt werden:

    - Wie hat sich der Bekanntheitsgrad verändert?
    - Hat die Werbung eine Einstellungsveränderung bewirkt?
    - Hat die Werbung die Motive der potentiellen Kunden erreicht?

Checkliste: Planung und Durchführung der Werbung

- Liegen definierte Werbeziele vor?
  Zum Beispiel: Erhöhung des Umsatzes, Steigerung des Bekanntheitsgrads Ihres Unternehmens und seiner Leistungen, Ausbau des Marken-Unternehmensimages.
- Wurde die Zielgruppe ausgewählt?
  Ausbau der Marktposition bei bestehenden Käuferschichten oder Ausweitung der Marktposition durch Werbemaßnahmen an Nichtkäufer.

- Wurde der Werbeetat festgelegt?

- Haben wir die Werbedurchführung geplant?
  Festlegung der Werbebotschaft: überzeugende Kommunikationsidee, die sich vom Markt abhebt, unverwechselbaren Kundennutzen herausarbeiten.
  Bestimmung der Werbemittel und Werbeträger: Welche Medien sind geeignet für die Werbebotschaft, die Ziele und die Zielgruppen?

- Wenn wir eine Werbeagentur beauftragen, haben wir ein Briefing vorbereitet?
  Inhalt: Werbeziele und Werbebotschaft, Produkt, Zielgruppe und Zielgebiet, Werbeetat, Werbemittel und Werbeträger, Zeitplan.

- Ist die Werbung langfristig ausgerichtet?

- Machen wir kontinuierliche Werbung und konzentrieren unsere Mittel?

- Begreifen wir Werbung als Investition und nicht nur als Kostenfaktor?

- Versprechen wir in der Werbung nichts, was wir nicht durch Leistung halten können?

Maßnahmen zur Verkaufsförderung

Wollen Sie im Rahmen Ihrer Wachstumsstrategien Präsenz beim Kunden aufbauen und zusätzliche Kaufanreize für einzelne Produkte schaffen, bieten sich verschiedene Maßnahmen der Verkaufsförderung an. Neben schnell meßbaren Verkaufserfolgen, besteht hier die Möglichkeit, Informationen über die eigene Zielgruppe zu sammeln – als Grundlage für neue Marketingstrategien.

Folgende Aktivitäten können Sie auswählen:

- Verkaufsförderung am Point of Sale
  Displays, Verkostung, Sonderausstellungen, Thekenaufsteller

- Produkt-Aktionen
  Produktvorführungen, Werbeproben, Warengutscheine

- Händlerbezogene Aktionen
  Jubiläumsverkauf, Autogrammaktionen, Modeschauen, Kooperationswerbung

Was Öffentlichkeitsarbeit leistet

Jedes Unternehmen ist eingebettet in sein soziales, wirtschaftliches und politisches Umfeld und steht in Bezug zu Einzelpersonen oder Interessengruppen. Extern können es zum Beispiel Nachbarn, Lieferanten, Politiker, Kunden oder Medienvertreter sein, intern sind es die Mitarbeiter.

Mit den Instrumenten der Öffentlichkeitsarbeit, auch Public Relations (PR) genannt, sollen systematisch und zielgerichtet Beziehungen zur Öffentlichkeit gepflegt werden. Ziel ist es, Verständnis, Vertrauen und Sympathie für das Handeln des Unternehmens aufzubauen und zu pflegen und langfristig eine Übereinstimmung zwischen dem Unternehmen und seinen Zielgruppen herbeizuführen – und zwar nach innen und nach außen.

Die Bandbreite der Zielgruppen, mit denen Sie im Rahmen der Öffentlichkeitsarbeit kommunizieren können, verdeutlicht Bild 3:

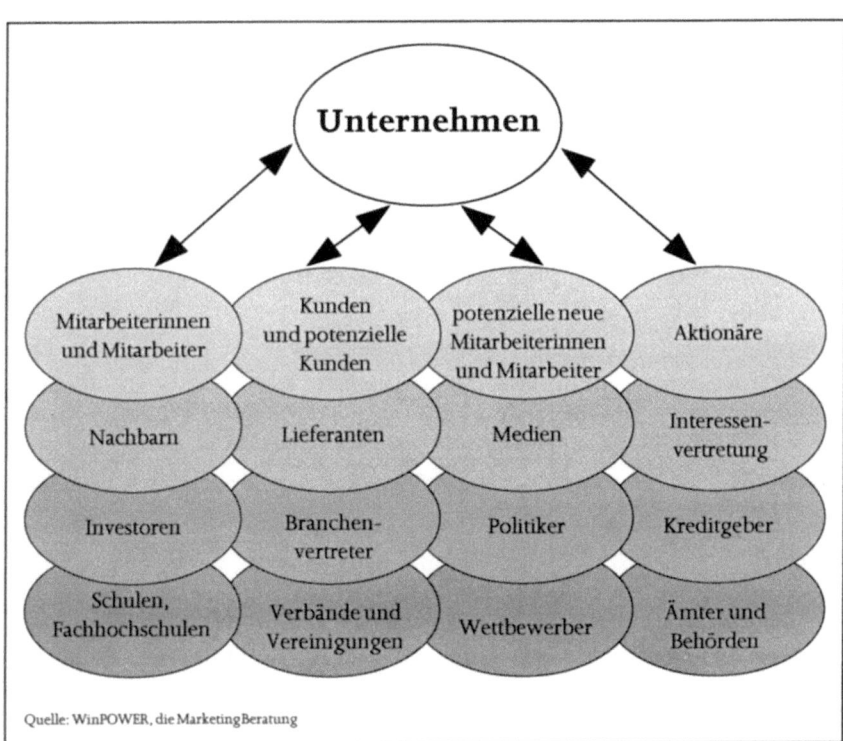

Bild 3: Die Zielgruppen der Öffentlichkeitsarbeit

Die vielfältigen Instrumente der Öffentlichkeitsarbeit können dazu beitragen, Ihre Wachstumsziele zu erreichen, denn sie bewirken zweierlei:

- Sie können Informationen in die Öffentlichkeit tragen, die das Unternehmen für wichtig erachtet.

- Sie können an der Entwicklung eines Images mitwirken, das heißt, es können bestimmte Vorstellungsbilder der handelnden Personen und des Unternehmens vermittelt werden.

Praxisbeispiele:

Ein Autohaus mit angeschlossenem Servicebetrieb informiert Öffentlichkeit und Medien über den geplanten Bau einer Anlage zur Altölentsorgung und dokumentiert so verantwortungsbewusstes, umweltorientiertes Handeln. Das Unternehmen organisiert eine Diskussionsveranstaltung, auf der Journalisten der lokalen Medien, Nachbarn und Kunden kritische fragen stellen können – ein Austausch von Informationen entsteht.

Da laut Umfragen die Hälfte der Verbraucher ein negatives Bild vom Handwerk und seinem Leistungsangebot hat, versucht ein Unternehmen, das Fenster montiert, ein positives Image bei den Kunden zu vermitteln. Zum Handwerkszeug der Monteure gehört neben dem Werkzeugkoffer auch ein Staubsauger. Perfekt im Umgang mit Kunden geschult, wird die Wohnung nach dem Einbau gesaugt und aufgeräumt. So bleiben die Dienstleistungen und der Besuch der Handwerker als angenehmes Erlebnis in Erinnerung. Der Kunde fasst Vertrauen – hier waren Fachleute am Werk.
Im Rahmen eines Pressegesprächs erörtert der Handwerksmeister mit einem Journalisten der Lokalpresse, wie er seine Marketingstrategien zukünftig noch weiter entwickeln wird – Ergebnis: Ein Artikel über pfiffige Dienstleistungsideen und Kundenbindung des lokalen Handwerks.

Systematische PR – in vier Schritten zur erfolgreichen Planung

PR erschöpft sich nicht in einigen sporadischen Pressemitteilungen und mehr oder weniger zufälligen öffentlichkeitswirksamen Aktionen. PR muss vielmehr strategisch geplant und langfristig angelegt werden, um erfolgreich zu sein.

Die Grundlage ist ein strategisches Konzept, das aus vier Schritten besteht, die im folgenden skizziert werden.

Schritt 1: Das Kommunikationsproblem erkennen

Zunächst werden alle wichtigen internen und externen Informationen über das Unternehmen zusammengetragen. Durch das Sammeln von Daten und das Auswerten von Ergebnissen Ihrer Befragungen verfügen Sie nun über genügend Informationen, Meinungen und Einschätzungen, die Ihre Stärken und Schwächen in der Kommunikation mit der Öffentlichkeit verdeutlichen.

Schritt 2: Planung

Auf der Basis der sich durch die Stärken/Schwächen- Analyse ergebenden Aufgabenstellung der PR und der definierten Zielgruppen wird die Lösung geplant:

- Formulierung von präzisen und messbaren PR-Zielen
- Festlegung von PR - Instrumenten und – Maßnahmen
- Bestimmung des Etats für PR – Aktionen
- Entwicklung eines Zeitplans mit Einzelschritten, Terminen und Zuständigkeiten

Schritt 3: Kreative Umsetzung

Nach der Entwicklung von Aufgaben, Strategien und Planungsschritten werden im dritten Schritt – in der Regel unter Einbeziehung externer PR-Dienstleister öffentlichkeitswirksame Aktionen gestaltet (Medienarbeit, Veranstaltungen, Sponsoringaktivitäten).

Schritt 4: Kontrolle des Erfolgs

Durchführung von Maßnahmen, die die Qualität der Öffentlichkeitsarbeit überprüfen soll (Sammeln von Presseausschnitten, Befragungen, Teilnehmer-Interviews).

PR-Instrumente – Die Mischung macht's

Instrumente und Maßnahmen sind die entscheidenden Vehikel der Öffentlichkeitsarbeit: Sie sind die Medien, die Ihre Botschaften zu Ihren Kernzielgruppen tragen. Dabei ist zu beachten, dass ihre PR- Instrumente zur Kommunikationsstrategie des Unternehmens passen müssen.

Wichtiger als einzeln Aufsehen erregende Maßnahmen ist die Beständigkeit. Es wirkt wenig glaubwürdig, wenn sich ein Unternehmen nur dann mit der Öffentlichkeit austauscht, wenn es aus Unternehmenssicht vorteilhaft ist. Auch hier ist das A und O eine ausgewogene Mischung abgestimmter Maßnahmen, die rationale Informationen genauso vermitteln wie emotional orientierte Komponenten, die Vertrauen, Glaubwürdigkeit und Sympathie begründen.

Die folgende Checkliste gibt Ihnen einen Überblick über die Maßnahmen, die Sie im Rahmen der Öffentlichkeitsarbeit einsetzen können.

> **Checkliste:** Instrumente der Öffentlichkeitsarbeit
>
> - Nutzen wir die folgenden Instrumente, um Vertrauen, Glaubwürdigkeit und Sympathie zu vermitteln?
>   - Mitarbeiterzeitschrift
>   - Mitarbeiterbefragungen
>   - Tag der offenen Tür
>   - Nachbarschaftsgespräche
>   - Kundenfest
>   - Betriebsbesichtigungen
>   - Kundenzeitschrift
>   - Vorträge, Symposien
>   - Förderung sozialer Einrichtungen
>   - Pressemeldungen, Pressekonferenzen
>   - Pressegespräche, Interviews

Pressearbeit Ein „guter Draht" zur Lokal- und Fachpresse ist wichtig, wenn Sie eine positive Meinung über Ihr Unternehmen erreichen sowie das Vertrauen der Öffentlichkeit gewinnen bzw. erhöhen wollen.

Wenn Sie einer Redaktion etwas anbieten, achten Sie auf folgendes: Besitzt das Thema Nachrichtenwert für die Zeitung und damit für die Öffentlichkeit? Ein weiterer wichtiger Aspekt kommt hinzu: Sie sollten sich auf die Bedürfnisse der Medien einstellen. Mit anderen Worten: Behandeln Sie Journalisten wie Ihre Kunden. Aus diesem Grund sind persönliche Kontakte zu Medienvertretern die Voraussetzung für erfolgreiche Pressearbeit. Allerdings: Pressearbeit ist eine Investition. Bis sich Erfolge einstellen, kann einige Zeit vergehen. Und wie in allen Verkaufsgesprächen hängt der Erfolg der Pressearbeit auch von gezielter Vorbereitung, Sympathie und Glück ab. Lassen Sie sich deshalb nicht von einer ersten Ablehnung frustrieren.

So wie Sie den Markt und die Zielgruppen für Ihre Produkte kennen, sollten Sie auch über die Märkte Bescheid wissen, auf denen Sie Ihre Informationen vermarkten wollen. Das bedeutet: Ungezielte Presse-Mailings bringen ebenso wenig Erfolg wie Anrufe bei Redaktionen, deren Medien nicht richtig bekannt sind. Pressearbeit beginnt also mit dem Studium der Medien und Publikationen, dem Sichten von Themen sowie der Recherche von Journalisten in den für Sie zuständigen Redaktionen.

Für die Kommunikation mit den Medien steht Ihnen eine Vielzahl klassischer Instrumente zur Verfügung – von der Pressemitteilung und der Pressemappe über die Pressekonferenz bis hin zu Pressegesprächen und Journalistenreisen.

Eine Pressemitteilung informiert Medien schriftlich über Wissenswertes aus Ihrem Unternehmen. Dabei gilt es zu bedenken: Redaktionen werden tagtäglich mit Informationsmaterial überhäuft. Da muss der Journalist in wenigen Augenblicken entscheiden, welche Pressemitteilung die Kriterien des Nachrichtenwertes – Aktualität, Bedeutung, Neuigkeit, Originalität – erfüllt.

Die Pressemitteilung – eine Säule praktischer Pressearbeit

Damit Sie ihn von Ihrer Pressemitteilung überzeugen und die Chancen zur Veröffentlichung erhöhen, sind folgende Faktoren ausschlaggebend:

- Anlass/Zeitpunkt der Pressemitteilung

- Das Erscheinungsbild der Pressemitteilung

- Aufbau und Inhalt der Pressemitteilung

Checkliste: Aufbau und Inhalt der Pressemitteilung

- Wurde an die Einhaltung formaler Kriterien gedacht?
  Am besten geeignet: der Firmenbriefbogen, den Sie deutlich mit Pressemitteilung überschreiben.
  Name, Anschrift, Telefonnummer, E-Mail-Adresse und Datum müssen für Rückfragen am Schluss der Pressemitteilung stehen.
  Nur eine Seite eines Blattes beschreiben: zweifacher Zeilenabstand und breiter Rand für redaktionelle Bearbeitung.

- Wurde bei der Erstellung von Pressetexten an folgende Aspekte gedacht?
  Der erste Absatz muss die sogenannten „W- Fragen" beantworten:
  Wer (Unternehmen oder Personen)?
  Wann (Tag, Monat, Jahr des Ereignisses)?
  Wo (Ort)?
  Was (Anlass der Pressemitteilung)?
  Wie (ausführliche Beschreibung der Umstände, zum Beispiel Beschreibung eines neuen Produkts)?
  Warum (Gründe, zum Beispiel unter welchen Umständen kam die Produktentwicklung zu Stande)?

- Wurden weitere Aspekte berücksichtigt?
  Klare, logische Gliederung.
  Kurze, einfache Sätze, kein Fachchinesisch, keine Abkürzungen, Gliederung durch Zwischenüberschriften, eine Überschrift für den Text vorschlagen.
  Erster Abschnitt: die Kernaussagen nach vorne.
  Tatsachen nennen und keine Werbeaussagen machen.
  Die Kürze des Textes verbessert die Chancen auf Veröffentlichung.
  Nennen Sie sich beim Namen (niemals „wir"). Bei der Namensnennung auch den Vornamen angeben (ohne „Herr" oder „Frau").

Vertriebspolitik Produkte und Dienstleistungen müssen zum richtigen Zeitpunkt über die richtigen Wege die richtigen Kunden erreichen. Hinter dieser einleuchtenden Feststellung verbirgt sich eine zentrale Marketingentscheidung: Auf welchem Weg – oder welchem Vertriebskanal – sollen die Leistungen verkauft werden? Die Wahl der Absatzwege ist abhängig vom Sortiment, den Eigenschaften des Produkts und der Anzahl der Kunden sowie den Gegebenheiten im Unternehmen.

Diese Absatzwege stehen Ihnen offen:

- **Der direkte Absatzweg**

  Wenn Sie Ihre Leistungen an eine übersichtliche Anzahl von Kunden verkaufen, Ihre Produkte erklärungsbedürftig sind oder einen komplexer Kundendienst anbieten (zum Beispiel bei Investitionsgüter), spricht vieles für diesen Absatzweg. Er ist mit einigen Vorteilen verbunden:
  Zwischen Herstellern und Abnehmer kommt es zu einem direkten Verkaufskontakt.
  Es sind keine Handelsspannen zu berücksichtigen – mit der Chance, höheren Verkaufspreis zu erzielen.
  Es entstehen keine Abhängigkeiten von Handelspartnern mit einer entsprechenden Einkaufsmacht, die genutzt wird, um die Preise zu drücken.

- **Der indirekte Absatzweg**

  Ihre Leistungen lassen sich nicht direkt von Ihrem Unternehmen absetzen? Dann sind Sie auf den Einsatz von Absatzmittlern angewiesen (Großhandel, Einzelhandel, Handelsvertreter u.s.w.). Dabei sollten Sie berücksichtigen, dass nicht alle Produkte auf dem gleichen Weg vertrieben werden müssen. Warum sollten Sie beispielsweise nicht einen Direktvertrieb über das Internet durchführen, Einzelhändler in der näheren Umgebung direkt beliefern und für größere Entfernungen den Großhandel einschalten?

Checkliste: Absatzmittler – Pro und Contra

- Sind wir personell, organisatorisch und technisch in der Lage, den Vertrieb selbst zu übernehmen?
- Ist der Aufwand dafür gerechtfertigt?
- Werden die dazu notwendigen Kapazitäten auch langfristig genutzt?
- Ist bekannt, welche Kosten für diese Vertriebsstruktur entstehen?
- Sind diese Kosten geringer als die Handelsspanne, die wir durch den direkten Absatz zusätzlich erwirtschaften?

2.1.6 Berechnung des Marketing-Etats

Welche Summe Sie für Ihre geplanten Marketingaktivitäten einplanen müssen, lässt sich nicht pauschal beantworten Eine Orientierungsgröße könnte ein bestimmter Prozentsatz des Unsatzes sein. Bei einem angenommenen Jahresumsatz von 150.000 Euro kommen Sie bei fünf Prozent auf ein Marketingbudget von 7.500 Euro, das die Bereiche Werbung, Verkaufsförderung und Öffentlichkeitsarbeit umfasst. Die Gewichtung des Budgets hängt letztlich von marktspezifischen Faktoren des Produkts, dem Standort und den Zielgruppen ab. Wenn Sie mit der Einführung neuer Produkte wachsen wollen, muss ein höherer Marketingetat eingeplant werden.

Und so machen Sie eine Gegenrechnung auf: Erstellen Sie eine Liste der geplanten Aktionen, die zur Zielerreichung notwendig sind und kalkulieren Sie die anfallenden Kosten. Dabei sollten Sie genau ermitteln: Was kostet die Mailing - Aktion oder die Produktion eines Newsletters? Wie oft soll das Mailing versandt werden oder der Newsletter erscheinen? Addieren Sie die Kosten der jeweiligen Marketingaktivitäten und vergleichen Sie diese mit Ihrem geplanten Budget. Stimmen Sie anschließend Pläne und Budget aufeinander ab.

2.1.7 Marketingkontrolle

Trotz aller Marketinganstrengungen, das Unternehmen und sein Leistungsprogramm eigenständig am Markt zu positionieren, kann es in jeder Branche vorkommen, dass sich der Markt ganz anders verhält, als Sie es bei der Entwicklung des Marketingplans angenommen haben. Anstelle der geplanten Umsätze kam es zu Umsatzeinbrüchen oder der Markt gestaltete sich unerwartet positiv.

Jede Situation verlangt dabei ihren eigenen Lösungsansatz. Entscheidend ist in jedem Fall, dass Sie auf unvorhergesehene Schwankungen schnell und flexibel reagieren. Denn: Marketing ist keine statische Angelegenheit, sondern ein Prozess!

Zusätzlich zu den klassischen Controlling-Maßnahmen bekommen Sie durch die begleitende Analyse des Marketing- und Verkaufsprozesses – als Beurteilungsbasis bieten sich zum Beispiel Kundenbefragungen an – nach und nach ein sicheres Gespür dafür, wie Sie ihre Zielkunden am besten erreichen und welche Marketingmaßnahmen am erfolgreichsten sind.

Die Fragestellungen folgender Checkliste verdeutlichen die Erkenntnisabsichten, die mit der Marketingkontrolle erreicht werden sollen.

Checkliste: Marketingkontrolle

- Haben sich die einzelnen Geschäftsbereiche an die Marktentwicklungen angepasst?
- Sind die Marketingergebnisse in Bezug auf die Marketingziele erreicht worden?
- Ist die Umsetzung der gesetzten Marketingstrategien gelungen?
- Konnten die Marketingziele mit den Marketingmix-Maßnahmen erreicht werden?
- Wie gestaltete sich die Entwicklung von Umsatz und Marktanteil in Bezug auf die Marketingziele?
- Konnte die Kundenzufriedenheit gesteigert werden?

Damit Sie nichts vergessen, was bei der Marketingplanung wichtig ist, bietet nachfolgende Checkliste nochmals die wesentlichen Fragestellungen im Gesamtzusammenhang.

Checkliste: Aktionsorientierter Marketingplan

- Wurden die wichtigsten Daten der aktuellen Marktprognose der Branche zusammengestellt?
- Wie wird die Situation der Kunden und Mitbewerber eingeschätzt?
- Gibt es eine Zusammenfassung der Geschäftstätigkeit und Beschreibung des Leistungsprogramms?
- Wurden erreichbare Marketingziele formuliert, die motivierend wirken?
- Liegt eine wachstumsorientierte Marketingstrategie vor?
- Liegt eine Beschreibung der Marketingmaßnahmen vor, um die Marketingziele zu erreichen?
- Wurde das Marketingbudget berechnet?
- Besteht eine realistische und praktikable Zeitplanung, unter Berücksichtigung u.a. von Ferienterminen und Personalkapazitäten?
- Liegt eine Umsatzprognose vor im Hinblick auf die im Marketingplan aufgestellten Ziele und unter Berücksichtigung des Marketingetats?

3 Kunden gewinnen – (k)ein Buch mit sieben Siegeln

3.1 So finden Sie Ihre Zielkunden

Hier geht es vor allem um den systematischen Aufbau einer individuellen Zielkundenliste, um aus sogenannten „kalten Adressen" Interessenten zu generieren und diese als (Stamm-)Kunden zu gewinnen. Dies sind die Erfolg versprechende Quellen bei der gezielten Suche nach Interessenten aus Ihrem Zielkundenkreis:

- **Gelbe Seiten**

  Hier gibt es detaillierte Adressdaten, nach Branchen gegliedert – besonders interessant, wenn Sie regional tätig sind.

- **Fachzeitschriften und Branchenpublikationen**

  Neben qualifizierten Adressen von Interessenten und Meinungsführern bekommen Sie auch einen guten Überblick über die Branche, die Sie mit Ihren Leistungen ansprechen wollen.

- **Online-Datenbanken**

  In den gängigen Suchmaschinen bzw. Internetverzeichnissen (zum Beispiel www.google.de) sowie brachenspezifischen Datenbanken können Sie unter Eingabe des Tätigkeitsfelds relevante Adressen recherchieren.

Praxisbeispiel:

Ein Versandhändler, der Büroartikel verkauft, plant, seinen Katalog im Rahmen einer Mailing-Aktion an die Zielgruppe „Junge Unternehmen" zu versenden. Da sich der Ankauf derartiger Adressen über Adressverlage schwierig gestaltet, wird eine andere Recherchestrategie gewählt: Über die nach Bundesländern geordnete Online-Datenbank der Arbeitsgemeinschaft Deutscher Technologie- und Gründerzentren können qualifizierte Adressen der in Gründerzentren angesiedelten Unternehmen beschafft werden.

3.2 Akquisitionsinstrumente: Mailing - Telefonakquisition - Kundenbesuch

Der Aufbau einer Adressdatenbank reicht für das Wachstum Ihres Geschäfts natürlich nicht aus. Um Aufträge zu akquirieren oder Produkte und Dienstleistungen zu verkaufen, müssen Sie mit potentiellen Kunden in Kontakt treten. Hierfür bieten sich verschiedene Möglichkeiten an.

3.2.1 Dialoginstrument Mailing
– der klassische Werbebrief hat noch nicht ausgedient

Unter dem Begriff Mailing werden im Direktmarketing alle Formen der Direktwerbung zusammengefasst, die per Post mit aufgeklebter Adresse des Empfängers in dessen Briefkasten gelangen. Im Vordergrund steht dabei die individuelle Kontaktaufnahme mit dem Adressaten, mit dem Ziel, eine Antwort - Response genannt – zu erhalten und auf diesem Weg einen Dialog aufzubauen.

Die klassische Form der adressierten Werbesendung besteht mindestens aus den Elementen Versandhülle, Werbebrief, Prospekt, Antwortkarte/ Bestellschein.

Es spricht viel dafür, Mailings in den Marketing-Mix Ihres Unternehmens zu integrieren.

Das Mailing

- ermöglicht eine detaillierte Festlegung der Zielgruppen,

- schließt somit eine Fehlstreuung weitestgehend aus,

- gestattet eine gezielt persönliche Ansprache und bietet die Möglichkeit für individuelle Kontakte,

- kann Angebote – unbeeinflusst durch redaktionelle Umfelder - kommunizieren,

- ermöglicht spontane Marketingaktivitäten, wie zum Beispiel Informationen über aktuelle Angebote,

- kann unmittelbare Produkterlebnisse vermitteln, zum Beispiel in Form von Warenproben,

- bietet unkomplizierte Reaktionsmöglichkeiten der Zielgruppen durch vorbereitete Antwortkarten oder Kupons,

- wirkt in der Regel dauerhaft wegen eines hohen Aufbewahrungswertes für die Zielperson,

- macht den Werbeerfolg plan- und kontrollierbar durch unmittelbare Resonanz auf das Angebot.

Der Werbebrief – Erfolgsfaktor Kundennutzen

Was für das gesamte Mailing gilt, ist auch für die Entwicklung eines Werbebriefs von entscheidender Bedeutung. Legen Sie sich einen Plan zurecht. Denn Ziel des Werbebriefs - im Sinne eines geschriebenen Verkaufsgesprächs – ist es, Ihr Gegenüber davon zu überzeugen, etwas zu tun – und zwar als direkte Reaktion auf Ihr Mailing. Die Entscheidung, ob der Empfänger Ihren Webebrief liest oder nicht, wird Untersuchungen zu Folge innerhalb weniger Sekunden getroffen.

In dieser Phase stellt sich der Adressat folgende Fragen, die Ihr Werbebrief beantworten muss – sonst landet er im Papierkorb:

- Ist dieser Brief für mich bestimmt?

  Die Adresse muss korrekt geschrieben sein und der Name darf auf keinen Fall falsch geschrieben sein.

- Wer schreibt mir?

  Der Name Ihres Unternehmens mit Adresse und Kontaktdaten muss eindeutig erkennbar sein. Sagen sie, wer Sie sind und unterschreiben Sie Ihren Werbebrief mit Vor- und Zunamen. Der Name sollte noch einmal gedruckt darunter stehen und eine Funktionsbeschreibung beinhalten.

- Worum geht es und was habe ich davon?

  Der Zweck des Werbebriefs muss mit dem Mehrwert für den Empfänger bereits in der Betreffzeile deutlich werden.

Argumentieren Sie mit konkretem Kundennutzen

Fast jeder Werbebrief, den wir im Briefkasten finden, beschäftigt sich mit Argumenten, die mit Merkmalen von Produkten zu tun haben. Produkteigenschaften sind zwar wichtig. Aber sie sind in der Regel nicht der Grund, warum sich jemand für Ihr Produkt interessiert. Lassen sie sich also nicht verleiten, alle Besonderheiten und Qualitäten in Ihrem Werbebrief zu thematisieren. Den Kunden interessieren nämlich ganz andere Dinge:

- Welchen Nutzen habe ich als Kunde von dem Angebot?

- Welche Probleme löse ich, wenn ich das Produkt kaufe?

- Welche Ziele erreiche ich mit dem Erwerb des Produkts?

Praxisbeispiel:

Ein Klimatechnik-Betrieb verkauft Niedrigtemperaturheizungen. Der Heizungsfachmann würde sicherlich für die Überschrift und den Einstieg in den Werbebrief Formulierungen wählen, wie zum Beispiel:
„Unsere moderne Niedrigtemperaturheizung sorgt für geringe Emissionen und hat einen hohen Wirkungsgrad".
Für Interessenten wären folgende Überschriften stärkere Motive, den Werbebrief weiter zu lesen:
„Den Winter genießen und Kosten sparen" oder „Sparen Sie 60 Prozent Ölkosten bei höherer Leistung – leben Sie aktiv Verantwortung".
Denn: Mit diesen Überschriften werden die Bedürfnisse der Interessenten und der Nutzen der Heizungsanlage angesprochen und Lösungen angeboten.

Nur wenn ein Werbebrief einem ganz bestimmten dramaturgischen Aufbau folgt, kann er die Aufmerksamkeit des Lesers gewinnen. Was dabei zu beachten ist, verdeutlicht Bild 4.

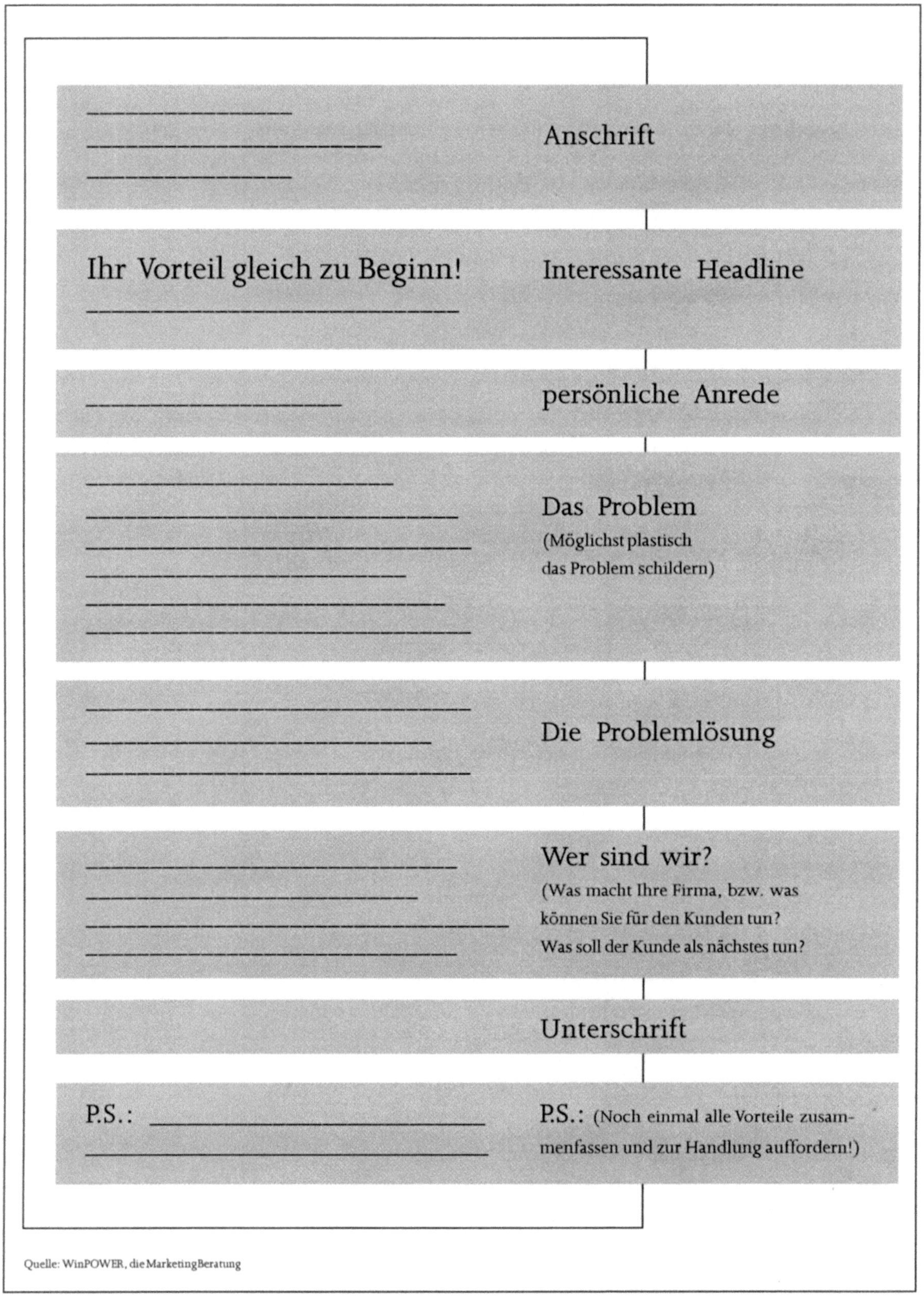

_____	Anschrift
Ihr Vorteil gleich zu Beginn!	Interessante Headline
_____	persönliche Anrede
_____	Das Problem (Möglichst plastisch das Problem schildern)
_____	Die Problemlösung
_____	Wer sind wir? (Was macht Ihre Firma, bzw. was können Sie für den Kunden tun? Was soll der Kunde als nächstes tun?
	Unterschrift
P.S.: _____	P.S.: (Noch einmal alle Vorteile zusammenfassen und zur Handlung auffordern!)

Quelle: WinPOWER, die MarketingBeratung

Bild 4: Der Aufbau eines Werbebriefs

Die nachfolgende Checkliste gibt Ihnen wichtige Hinweise, was bei der Planung, Organisation und Durchführung von Mailing-Aktionen zu beachten ist.

Checkliste: Mailing- Planung

- Welche Ziele sollen mit dem Mailing erreicht werden?
- Was wollen wir von den Adressaten unseres Mailings?
- Wer ist die Zielgruppe des Mailings?
- Stehen die Adressen zur Verfügung oder müssen sie erst beschafft werden?
- Wurden verschiedene Angebote geprüft?
- Wurde genügend Zeit für die Aufbereitung eigener Adressen eingeplant?
- Wie soll das Mailing aussehen (Werbebrief, Antwortkarte, Verstärker, Prospekt, Umschlag)?
- Werden Gewicht und Ausführung der einzelnen Mailing-Bestandteile schon bei der Konzeption genau geplant und abgestimmt?
- Reichen die Briefbögen aus oder müssen sie nachgedruckt werden?
- Sind ausreichend Prospekte und/oder Informationsmaterial vorhanden - entweder für den Versand mit dem Werbebrief oder für die Bearbeitung der Rückläufe?
- Wurde die Stückzahl/Auflage des Mailings festgelegt und die optimale Versandart ermittelt?
- Sind für die Produktion aller Bestandteile mehrere Angebote eingeholt wurden?
- Kann Geld gespart werden, indem auf Sonderfarben beim Druck verzichtet wird?
- Wurden komplizierte Falze und Stanzungen vermieden?
- Eignen sich alle Bestandteile zur maschinellen Weiterverarbeitung bei Mailing-Dienstleistern?
- Wurden Zeitreserven zwischen einzelnen Verarbeitungsschritten eingeplant, damit Endtermine nicht schon bei einer Verzögerung platzen?

> - Sollen externe Dienstleistungsunternehmen (Werbebrieftexter, Lettershop) in die Planungen mit einbezogen werden?
>
> - Wurden Angebote dieser Unternehmen eingeholt?
>
> - Wurde ein Kostenrahmen für die gesamte Mailing- Aktion festgelegt?
>
> - Soll ein Test- Mailing ausgesandt werden – zur Überprüfung der Qualität der Adressen und der Werbemittelbotschaft?
>
> - Wurde der Versandtermin für das Mailing festgelegt - unter Berücksichtigung von Feiertagen, Ferienterminen und Wochenenden?
>
> - Gibt es einen Plan für Nachfassaktionen - mit dafür geschulten Mitarbeitern?

3.2.2 Telefonakquisition - mit der richtigen Technik zum Verkaufserfolg

Im aktiven Verkauf und zur Kundenbindung hat das Telefonmarketing entscheidende Vorteile:

- der direkte Kontakt mit Interessenten und Kunden,

- der schnelle Rücklauf von Informationen: Der Dialog verschafft Ihnen sofort Erkenntnisse, wie Ihr Angebot ankommt.

Wenn Sie also die Chancen in der Direktwerbung optimal nutzen wollen, empfiehlt es sich, dem Werbebrief eine Telefonaktion folgen zu lassen. Wichtig: Damit der Impuls des Mailings nicht erlischt, sollten Sie innerhalb einer Woche telefonisch nachfassen.

Egal, ob es sich bei Ihren Kunden um Privatpersonen oder Unternehmen handelt, vergessen Sie nie, dass die Kundenakquisition ein persönliches und zwischenmenschliches Geschäft ist. Ihr Anruf sollte nicht die einzige und auch nicht die letzte Möglichkeit zum Verkauf sein, sondern ein weiterer Meilenstein auf dem Weg zum Aufbau langfristiger Kundenbeziehungen.

Dies sind die häufigsten Fehler bei der Telefonakquisition:

- Mangelnde Vorbereitung

- Undeutliches und zu schnelles Sprechen

- Zu lange Sätze

- Falsche Zeit

- Falsche Anrede
- Dem Interessenten ins Wort fallen
- Nicht zuhören
- Die eigene Person übertrieben hervorheben
- Zu viele Fachausdrücke
- Fehlende Nutzenargumentation

Wenn Sie am Telefon Ihr Unternehmen und den Nutzen Ihrer Produkte verkaufen wollen, ist geschicktes Argumentieren notwendig:

Mit Argumenten überzeugen

- Formulieren Sie Ihre Argumente prägnant verständlich.
- Beschreiben Sie dem Gesprächspartner in Ihrer Argumentation den Nutzen Ihres Produkts für seine Arbeits- oder Lebenssituation.
- Weisen Sie auf Referenzen hin.

Checkliste: Telefonakquisition

- Wurde derjenige Gesprächspartner recherchiert, der auch entsprechende Entscheidungen treffen kann?
- Wird auf eine günstige Zeit zum Telefonieren geachtet?
- Sind die Beteiligten mit den Kundenunterlagen vertraut?
- Gibt es eine Zielsetzung, die mit dem Telefonat erreicht werden soll (Kundenbindung: Messeeinladung, Kundenumfrage; aktiver Verkauf: Vereinbarung eines Gesprächstermins)?
- Wurden konkrete Folgeaktivitäten besprochen (Informationen übersenden, Angebot formulieren)?
- Wurde eine Stärken-/ Schwächenanalyse nach dem Telefonat durchgeführt?
- Liegen die wichtigsten Eckdaten des Telefonats schriftlich vor, zum Beispiel in der Kundendatenbank?

3.2.3 Kundenbesuch – Akquisition von Mensch zu Mensch

Kundenbesuche sind die direkteste Form, mit Kunden und Interessenten in Kontakt zu treten. In der Regel schließt sich ein persönlicher Besuch an ein vorangegangenes Telefonat oder eine Mailing- Aktion an. Derartige Akquisitionsmaßnahmen haben bereits eine bestimmte Erwartungshaltung geschaffen, die nun im persönlichen Gespräch bestätigt werden soll. Einen wichtigen Beitrag zum erfolgreichen Gelingen eines Verkaufsgesprächs leistet eine professionelle Vorbereitung.

Grundlagen der Gesprächsstrategie

Die Grundlage zur Erarbeitung ihrer Gesprächsstrategie bilden folgende Komponenten:

- Welchen Problemlösungsbedarf hat Ihr potentieller Kunde?
- Welchen anderen Anbieter für Ihre Produkte oder Dienstleistungen gibt es, und welche Vor- und Nachteile haben die Konkurrenzprodukte?
- Können Alleinstellungsmerkmale für unser Leistungsangebot herausgearbeitet werden?
- Wurden die wichtigsten Informationen über den potentiellen Kunden und die Mitbewerber durchgearbeitet (Imagebroschüren, Produktprospekte, Preislisten)?

Wichtig: Unabhängig von der Zielsetzung des Gesprächs ist es unverzichtbar, sich immer wieder neu auf Ihren Gesprächspartner einzustellen und zu versuchen, seine Erwartungen, Stimmungen und Absichten einzuschätzen.

Grundsätzlich verläuft ein Kundengespräch in mehreren Stufen:

- **Einstieg**

  Begrüßung und Vorstellung
  Gesprächsanlass verdeutlichen
  Fragen stellen, aktiv zuhören – das signalisiert Ihr Interesse am Kunden und seinen Problemen.

- **Bedarfsermittlung**

  Stufe der Kaufentscheidung abschätzen
  Seien Sie sich bewusst, dass nicht nur nach Fakten, sondern auch nach Emotionen entschieden wird.

- **Lösungspräsentation**

  Schwerpunkt dieser Phase ist die Vorstellung Ihres Konzepts zur Problemlösung. Seien Sie jedoch darauf vorbereitet, mit Einwänden zu rechnen. Vermeiden Sie negativ wirkende Aspekte, wie zum Beispiel abschätzige Bemerkungen über die Mitbewerber. Sie müssen vielmehr nutzenorientiert informieren, um Ihre Interessenten für Ihr Lösungskonzept zu motivieren.

- **Abschluss**

    Nicht in jedem Fall bildet die Auftragserteilung den Abschluss des Gesprächs. Dennoch sollte es das Ziel des Kundenbesuchs sein, die Grundlage für nachfolgende Aktivitäten und Gespräche zu legen (regelmäßige Informationen über das Leistungsspektrum anbieten, zum Besuch Ihres Unternehmens einladen, Termin für Folgegespräch vereinbaren).

3.3 Kunden gewinnen im Internet

Obwohl das Internet auch kleineren Unternehmen die Chance zur Gewinnung von Wettbewerbsvorteilen bietet, nutzen bislang bei weitem noch nicht alle die zusätzlichen Möglichkeiten zur Verbesserung ihrer Marktposition. Wichtig dabei ist allerdings zu beachten, dass Sie das Internet nicht gesondert betrachten, sondern in Ihren Marketing-Mix integrieren.

Ihr Webauftritt kann in diesem Zusammenhang folgende Zwecke erfüllen:

Zweck des Werbeauftritts

- Einsparungspotential bei der Kontaktaufnahme mit Kunden und Geschäftspartnern

- Pflege von Kundenbeziehungen durch interaktiven Dialog

- Kundenbefragungen per E-Mail

- Bereitstellung von aktuellen Informationen zur Problemlösung für Kunden

- Darstellung von Innovationen und neuen Techniken

- Direktverkauf über das Internet (bei wenig erklärungsbedürftigen Produkten)

- **Definieren Sie Ihre Ziele**

    Verkauf Ihrer Leistungen, Verbesserung Ihres Vertriebs, Informationsplattform zur Kundengewinnung

So planen Sie Ihren Auftritt im Netz

- **Bestimmen Sie Ihre Zielgruppen**

    Wie bei jedem anderen Marketinginstrument werden die Zielgruppen zum Aufbau einer adäquaten Kommunikation und zur Entwicklung zielgruppengerechter Inhalte definiert.

- **Definieren Sie konkrete Aufgaben**

    Gestaltung der Webseiten (Angebote von Multimedia-Agenturen einholen, Formulierung der Geschäftsbedingungen, Einrichtung einer E-Mail-Adresse, Einrichtung eines Internetshops)

- Klären Sie die organisatorischen Voraussetzungen und die fachlichen Anforderungen an die Mitarbeiter.
- Klären Sie die technologischen Anforderungen.

  Entscheidung über den Einsatz von Software für die Einrichtung eines Internetshops
- Beachten Sie die Informationspflichten, die beim Internetauftritt und beim Verkauf über das Netz zu erfüllen sind.

Checkliste: Internetgerechter Webauftritt

- Wurde auf ein kompaktes Design geachtet, das auf einen Blick zu erfassen ist?
- Zeigen Firmenname und Logo deutlich, wo sich der Besucher befindet?
- Liegt den Webseiten eine logische und jedem Nutzer schnell nachvollziehbare Struktur zu Grunde (Navigationsbuttons und Untermenüs zur Orientierung)?
- Wurden Grafikelemente nur sparsam eingesetzt, um möglichst kurze Ladezeiten zu erreichen?
- Wurde ein hoher Kontrast zwischen Schriftfarbe und Hintergrundfarbe vorgesehen?
- Wurde auf eine harmonische und zum Unternehmen passende Farbgestaltung geachtet?
- Wurden die Texte internetgerecht aufbereitet (Schlagzeilen als Hauptblickfang, Gliederung der Texte in kleine Passagen und mit Zwischenüberschriften)?
- Wurden lange Satz- und Spaltenbreiten vermieden?
- Wurde Nutzen kommuniziert statt Sprachhülsen wie „innovativ"?
- Wird auf den Webseiten ein Mehrwert durch Zusatznutzen geboten (Aktuelle Informationen aus der Branche, Fachartikel mit Tips, Checklisten)?
- Werden interaktive Elemente zur Kundenbindung eingerichtet (E-Mail-Formulare, Newsletter, Gästebuch, Foren und Links zu anderen Webseiten)?
- Wurde Personal eingeplant, um die Webseiten regelmäßig zu aktualisieren?

3.3.1 Neue Wege zum Kunden: E-Marketing

Auch in Zukunft werden Sie nicht auf die klassischen Instrumente des Marketings verzichten können. E-Marketing bietet allerdings die Chance, als ergänzendes Instrument mit Kunden und Interessenten direkt, dialogorientiert und ohne Streuverluste zu kommunizieren – mit positiven Auswirkungen auf die gesamte Kundenorientierung und damit auf das Wachstum Ihres Unternehmens.

Aktionsbezogene E-Mailings können als aktuelles und kostensparendes Informationsmedium zur Kundenbindung beitragen sowie Kaufanreize schaffen.

Sie sind zu unterschiedlichen Anlässen einsetzbar:

- Verkauf eines Produktes oder einer Dienstleistung
- Einladung zu einer Veranstaltung
- Vorstellung einer neuen Persönlichkeit im Unternehmen
- Vorstellung des regelmäßig erscheinenden E-Mail-Newsletters zur Aktivierung neuer Abonnenten
- Marktforschung: Befragung von Stammkunden zu Produkten und Service
- Bekanntmachung von Terminen
- Veröffentlichung von aktuellen Unternehmensinformationen
- Nachfassaktion nach klassischen Mailing- Aktionen

Worauf Sie bei E-Mail-Marketing achten sollten

Da es unzulässig ist, unaufgefordert Werbebotschaften per E-Mail zu versenden – es sei denn, es besteht bereits eine Geschäftsbeziehung – ist E-Mail-Marketing nur dann erfolgreich, wenn es Ihnen gelingt, erwünschte E-Mails, die sogenannten permission-based E-Mails zu versenden. Voraussetzung ist das vorab übermittelte Einverständnis des Kunden zur Adressennutzung und zum Empfang der Botschaft. Ein gangbarer Weg, diese Erlaubnis zu erhalten, ist das Angebot, einen Newsletter durch die Eingabe der E-Mail-Adresse zu abonnieren. Allerdings: Entscheidend für die Bereitschaft, die E-Mail-Adresse einzugeben, ist der vom Kunden erwartete Nutzen eines derartigen Informationsangebots.

Damit die E-Mail -Kommunikation mit Ihren Kunden und Interessenten gelingt, bietet die folgende Checkliste Orientierungshilfen.

Checkliste: E-Mail-Marketing

- Wurde darauf geachtet, dass der Empfänger ausdrücklich dem Empfang von E-Mailings zugestimmt hat?

- Wurde deutlich darauf hingewiesen, dass die E-Mail-Adresse nicht an Dritte weitergegeben wird?

- Ist das Anmeldeformular auf der Webseite auffallend plaziert worden?

- Befindet sich am Ende jeder Ausgabe des Newsletters ein Hinweis zum Abmeldevorgang?

- Wurde für den Versand des Newsletters der optimale Zeitpunkt gewählt?

- Werden die Empfänger im Newsletter persönlich angesprochen?

- Wurde der Newsletter auf die Interessensgebiete der Abonnenten abgestimmt?

- Sind die Artikel kurz und prägnant?

- Wurden weiterführende Links zu Hintergrundinformationen auf der Webseite angeboten?

- Wurden die Abonnenten aufgefordert, den Newsletter weiterzuempfehlen?

- Enthält der Newsletter ein Impressum?

- Wurde eine griffige Betreffzeile mit einem Nutzen formuliert, die den Leser neugierig auf den Inhalt macht?

- Wurde der Inhalt übersichtlich aufbereitet (Inhaltsverzeichnis, wichtige Meldungen an den Anfang)?

- Wird der Erfolg des Newsletters gemessen (Auswertung folgender Daten: Öffnungsraten, Entwicklung der Abonnentenzahl, Klickraten, Anzahl der Weiterempfehlungen, An- und Abmeldungen)?

Zum Autor

Der Autor, Thomas Johne, kommt aus der Marketingpraxis. Er ist Diplom-Betriebswirt und arbeitete jahrelang in leitender Funktion bei der Frankfurter Allgemeine Zeitung GmbH in den Bereichen Neue Medien und Marketing. Seit 1997 ist er geschäftsführender Gesellschafter der KOM, MA Mediengesellschaft sowie Inhaber der Firma WinPOWER Die MarketingBeratung. Der Schwerpunkt seiner Tätigkeit liegt in der Marketing- und Kommunikationsberatung von Unternehmensgründern sowie kleinen und mittleren Unternehmen.

Thomas Johne ist Autor und Herausgeber zahlreicher Bücher zu den Themen Marketing und Kommunikation (u.a. „Marketingpraxis" F.A. Z.- Buchverlag), das sich an Unternehmensgründer und angehende Marketingprofis wendet.

Printed by Libri Plureos GmbH
in Hamburg, Germany